consesto para uma alma só

Direção de Arte e Capa
Luiz Antonio Gasparetto

Produção Gráfica
Kátia Cabello

3ª edição
Julho • 2008
5.000 exemplares

Dados Internacionais de Catalogação na Publicação (CIP)
(Câmara Brasileira do Livro, SP, Brasil)

Gasparetto, Luiz Antonio.
Conserto para uma alma só / Gasparetto. –
São Paulo: Centro de Estudos Vida & Consciência Editora, 2008.

ISBN 978-85-85872-62-4

1. Poesia brasileira I. Título.

08-06107   CDD-869.91

Índices para catálogo sistemático:
1. Poesia: Literatura brasileira 869.91

Publicação, Distribuição,
Impressão e Acabamento:
CENTRO DE ESTUDOS
VIDA & CONSCIÊNCIA EDITORA LTDA.

Rua Agostinho Gomes, 2312
Ipiranga • CEP 04206-001
São Paulo • SP • Brasil
Fone / Fax: (11) 2061-2739 / 2061-2670
E-mail: grafica@vidaeconsciencia.com.br
Site: www.vidaeconsciencia.com.br

É proibida a reprodução
de parte ou da totalidade
dos textos sem autorização
prévia do editor.

003784

Meu coração abraça

Miriam Morato
Pela sensibilidade de colecionar
minhas palavras
Beatrice Biondo
Pela alegria datilográfica
Kátia Cabello
Pelas artes e artimanhas

e minha alma agradece

E agora eu me encontro
com você
Todo encontro é uma nova chance
Nele eu posso dar,
receber e aprender
A tua presença me faz sentir real
E juntos,
podemos explorar o desconhecido
Há tanto para vivermos juntos
Basta apenas ter coragem
e se aproximar...
Nos tornarmos íntimos
E sermos realmente amigos...

No precário jogo mental
Tudo pode ser muito relativo
Apenas a sinceridade
Contraria o jogo do expressivo
Sinceridade
Não tem lógica
Não tem contornos e rodeios
Não tem certos ou errados
Não tem correções ou estudos
Sinceridade
Não tem barreiras
Não tem limites e esperas
Não tem proibido ou permitido
tem educado ou atrevido
Sinceridade
Não tem hora
Não vê confortos e comodismos
Não é nem pequena ou grande
Não tem descrenças ou fanatismos

Sinceridade
Está além do aceitável
É a verdade rompendo as fantasias
É a luz que invade as estradas
Espalhando realidades e alegrias...

Viver na imensidão do espírito
É caminhar numa nuvem de amor
É deixar a luz da Sabedoria Oculta
Nos guiar para onde for
É deixar os planos de lado
E se render ao maior
E saber que tudo está dentro
De nosso mundo interior
No labor que o tempo executa
Na trajetória do mais comum
Só o divino pode saber
O destino de cada um
Não há lugar para onde ir
Não há tempo para existir
Não há voltas para se dar
Só há ciclos para fechar
No sabor da consciência
Não importam as carências
O que vale é sapiência
No prazer das vivências...

14

Estou alegre
Simplesmente isto...
Quando tua mão de amigo
Me abraça espontâneo
A alegria me envolve
Simplesmente isto...
Quando teu silêncio discreto
Me aprova incondicionalmente
Fico alegre
Simplesmente isto...
Quando teu sorriso
Me acaricia a presença solitária
Expludo de alegria
Simplesmente isto...
Quando a surpresa de tua chegada
Me enche o coração de mel
Me esquenta de alegria
Simplesmente isto...

Alegria é nosso elo
Inquebrável de união
E mesmo sem os olhos de carne
Ainda te vejo, amigo, pelo coração
Simplesmente isso...

Não somos simples reflexos
Do mundo que nos rodeia
Não somos mero acaso
Da probabilidade genética
Não somos pálidos robôs
Da sociedade indiscreta
Não somos ocasionais filhos
De mães inconscientes
Não somos tristes parentes
De carne e ossos ausentes
Mas somos aquele ponto de luz
No fim do corredor
Somos a vida virando gente
Somos enfim Deus emergente
Criando o mundo de amor
Mas só, só mesmo...
Pra quem quer ser feliz

18

Para quem quer viver!
Se vozes opressoras
preparam o seu bote
Como cobras venenosas
no peito e na cabeça
É o tribunal infame onde o juiz
Sanciona sua sentença de morte
Se críticas mordazes
fluem indiferentes
É só dizer com força
Cala a boca juiz!
Se rotulações
incoerentes e deformantes
te esmagam
Grite: Cala a boca juiz!
Tudo é bom ou ruim, feio ou bonito
Ridículo ou aceitável,
patati...patata...
Grite: Cala a boca juiz!

Deverias, terias que...
podes, não podes, perdão, desculpe,
Por quê?, Por quê?, Por quê?...
Cala a boca juiz!
Este é mais,
aquele é menos,
quem ganhou?
Cala a boca juiz!
Com a faca da compaixão
Mata o juiz de tua cabeça escrava
E ao fechar a porta do tribunal
Verás, sob a cruz do morto juiz
O epitáfio discreto:
— Agora já posso ser feliz...

Espantar a poeira
das velhas idéias
e deixar-se mudar...
Abandonar o medo inútil
e deixar-se mudar...
Render os planos diretivos
e deixar-se mudar...
Esquecer sua origem familiar
e deixar-se mudar...
Purificar e limpar
os ressentimentos
e deixar-se mudar...
Confiar na sabedoria da vida
e deixar-se mudar...
Saber que somos um com Deus
e deixar-se mudar...
Ir para o novo
e renascer a cada instante
É permitir que o mundo inteiro
Seja só um pedacinho
dentro de você...

22

As aventuras no espelho da vida
E o ponto de encontro
Alma a alma coração a coração
Sinceros,
como convém às pessoas lúcidas
Ritmo com ritmo
Sem expectativas
como convém às pessoas que sabem
que não sabem nada
E, passo a passo,
nos tornamos um
Fortes
como convém às pessoas eternas...

24

Ser feliz
é mudar sempre para o melhor
E o melhor existe
para aqueles que acreditam
que são merecedores
E merecer,
é só uma questão de se olhar
E para tal olhar, basta reconhecer
Que somos perfeitos
Eternamente perfeitos
Como tudo e como todos
Somos perfeitamente
indefiníveis
Num perpétuo processo de ser.

Há um brilho em tudo
Poder, luz e prazer
Há coisas que os olhos não vêem
Coisas que o coração percebe
Na força desses momentos
Damos um passo avante
Como um mergulho
No maravilhoso brilho
Interminável de Deus

O estar bem é uma escolha
É querer ficar com o bem
É pensar no bem de tudo
Pensando bem de tudo
E tudo levar para o bem
É querer recomeçar sempre
Sorrindo com o peito
É se amar como a tudo
No aqui e no agora
Eternamente
Deixando a alma ser

30

Passo a passo
Alma a alma
Um ritmo no ritmo
É o instante mais agudo
É o encontro
Um só sentir
A se diluir
Em espaços de amor

32

Um sonho de amor pode ser
A construção
de sucessos e fracassos não tangíveis
Apenas a união nos faz real
eu e você
Pois eu só sou eu, na sua frente
Porque no espelho da tua presença
Eu possuo a possibilidade
de expandir,
falar
e transmitir
Eu possuo
o supremo poder de me ver
Finalmente,
no silêncio da tua ausência
Eu me encontro comigo
Calmo e sereno
Até o amor te buscar de volta

Tudo passa na vida
Só você fica com você sempre
A única coisa segura no mundo
É o que somos eternamente
É o Deus do peito que ama e fica
Imutável e dependente
Da tua atenção
E agora, fiquemos juntos
Certos que a nossa união
Expressa a vontade de descobrir
Os mistérios da vida
Da vida de fora e de dentro
Sem espaço ou tempo
Descobrindo-se para nós

E ter as asas soltas
Voando entre os fatos
Como criança
Sem esbarrar no futuro
Sem passar no passado
E viver a magia do agora
Pleno e sem desejos
Somando atento nos instantes
Os prazeres de alma
E saber que nada é sério
Apenas sensações passando
No desfrute da liberdade
Propor disciplina às fantasias
E poder estar tranqüilo
Na absoluta fé em si mesmo

Viver numa constante busca
É nunca ter
olhado para si
Viver sob o domínio do medo
É acreditar
na crueldade e na condenação
Viver na esquina da solidão
É não conhecer
seu próprio poder de aceitação
Viver na torrente do ressentimento
É nunca ter
experimentado a compaixão
Viver na dor da inferioridade
É não saber
de sua verdade
A cada momento na vida
Mais vale o que a nós fazemos
Pois quem bem se cuida
A si mesmo a vida ajuda...

40

Irmão
Pessoa ternura
Presença da hora dura
Coração que caminha de frente
Alma que se faz presente
Torrente de compaixão
Irmão
Pessoa companhia
Ombro que virou mania
Lado que divide a tensão
Boca de dolorida verdade
Que nos soa como oração
Irmão
Pessoa possibilidade
Da consentida lealdade
Da cumplicidade sem medida
Da fidelidade assumida
De mãos abraçadas

Irmão
Pessoa unidade
Uma energia, uma qualidade
Um senso de responsabilidade
Um peito de honestidade
Um verso de amor
Irmão
Pessoa pedaço
Invisível corrente
Que permanece unida
Um só ombro em ambos os dramas
Caminho, encruzilhada, ninho
Paralela do destino
Eu me agradeço
de te haver cativado.

Pare e sinta
Não há por quê
Que explique uma sensação
Pare e perceba
Que tudo o que jamais possuímos
É a sensação que enfocamos
na nossa atenção
Aquele fragmento de realidade
Que só temos no rápido agora
O que vale
É saber que podemos
Celebrar a alegria com calma
Na caminhada de nossa alma
Pela tela de nossa lucidez
Segura e infinita
Dançando em nossos nervos
Como corvos sobre o milharal
Como poeira entre as frestas
Como ondas de som
no buraco do violão
Começando não sei aonde
Terminando no coração

Uma voz de ternura
Uma boca em luz
Segura pedra de rio
Chama de longo pavio
A inteligência que conduz
No caminho avançado
Só pode ser certo o que penso
Se me ligo ao bom senso
No grande buraco do peito
No escuro intangível
Emerge espontâneo
O significado do invisível
Para fluir no mundo
Em nuvens de irradiações
Deixemos o senso na lucidez
A fala em escassez
Eterno é o fluxo
Simples, de apenas ser

Respirar o silêncio da paz
Como quem deita para descansar
Na ação cotidiana de viver
Passar por esquinas sem dobrá-las
No caminho da busca de si mesmo
E reconhecer que somos um nada
Na renovação rítmica do tempo
E passa...
Passa o vento
Passa o encanto
Passa o lamento
Passa a dor
Passa a flor
Passa o ter
O teu prêmio de viajante
É a vida que se modifica
Rindo ou chorando
Olhando ou dançando
Mentindo ou se abrindo
Querendo ou fugindo
Queira sim ou queira não

*Tudo está indo
Passando, passando, sumindo....*

Você conhece a águia?
Águia que crava suas garras
No cerebelo descoberto?
E pica com seu bico atroz
Os olhos sem proteção?
Ela nubla sem nos cegar
Confundindo sem orientar
Ordenando sem aplacar
Mandando sem atender
Culpando sem ceder
Torturando sem considerar
Impondo sem medir
Medidas de se comportar
Amedrontando sem compaixão
Paralisando sem relaxar

Cuspindo o fogo
de sua língua acusadora
Ave de rapina matadora
Roteirista que a sociedade nos deu
Deus falso de um ateu
Falhando no que prometeu
Descaso de todos os fracassos
Poste de todos os impotentes
Cemitério de almas ausentes
Forno de queimar coragem
Forma deformada
de mediocridade viva
Dor de imensa ferida
Luta nunca vencida
Só o tiro da compaixão
Mata a águia em agonia
Cala sua voz de orgulho
Arranca suas asas de ilusões
Torce o seu pescoço de arrogância
Despena o seu corpo de vaidades
Só assim tomaremos
a água dos perdões

*Lavaremos das mãos
o sangue das calúnias
E seguiremos puros na escuridão
Escolhendo entre
a acusação e a defesa
Lembremos que
não temos que ser réus
Pois não há tribunal no caminho
Somos apenas a vida
em forma de gente.*

Fadas não dormem
Seus olhos são como janelas
Que ficam num eterno entardecer
Fadas são inquietas e brilhantes
Como um farol
na ponta de um rochedo
Invadindo indiscretas
a escuridão do peito
Fadas são sábias como velhos livros
São brilhantes do espaço e do tempo
Seres de opalina, pérolas e diamantes
Voando entre ondas de música
Fadas são donas dos mistérios
Dos silêncios e dos ruídos
Suas presenças são rápidos reflexos
de vagos anseios divinos
Fadas são almas
sepultadas em corpo humano...

A cada dia que passa
É um passo dentro da morte
É um passo dentro da vida
A cada dia que passa
É o fim de uma caminhada
É o começo de uma subida
A cada dia que passa
É a cena de uma ferida
É a abertura de um corte na carne
A cada dia que passa
É a luz que se apaga na vista
E a descoberta
de uma nova claridade
A cada dia que passa
Passa junto o tempo e os lamentos
E volta revivida
a vida em novos momentos

Pensemos só no bem
Sem atacar com desdém
Sem reclamar pela falta
Sem pensar na desgraça
Sem procurar agulhas no palheiro
Sem negar a própria paciência
Sem começar uma guerra
Sem judiar de si mesmo com culpas
Sem se escravizar
no problema dos outros
Sem correr atrás de ilusões
Sem morrer de desânimo
Sem acumular nenhum dano
Pense só no bem
Como quem acredita na vida
Como quem segura uma subida
Com fôlego de leão
Afinal de contas
Pense bem
Você e todos merecem
Sentir-se bem
Nos caminhos do vai e vem

Partir é iniciar uma nova viagem
Deixar ir é obter novas conquistas
Cair é aprender mais sobre o sucesso
Perder é constatar que tudo é livre
Chorar é aliviar-se
do excesso de forças
Machucar-se é lembrar de si mesmo
Ferir-se é aprender a respeitar
o próprio prazer
Empobrecer-se é conhecer o valor
das nossas capacidades
Para você todo caminho errado
É aquele que não vai
aonde você quer
Mas na vida
tudo anda sempre certo
Pois todos os caminhos
acabam no bem

Por entre as teias dos fatos
Nada é realmente certo.
O inesperado é sempre
Uma realidade desconfortável.
Na confiança da vida
Temos a única segurança real.
A confiança no desconhecido
Pois entre o certo e errado
O acerto e o desacerto
A vida fala com sabedoria e fartura
Onde a ignorância cala insegura.

Na voz que nos fala de calma
A presença amiga
No caminho do esclarecimento
O conselho amigo
Na ajuda desinteressada
A mão amiga
Na companhia amorosa
O abraço amigo
Na paz dentro do lar
O respeito sincero
Na saúde próspera
A harmonia incondicional
Na realização de cada necessidade
A segurança da vida
Pois quem, à vida,
agradecido obedece
Ela,
de ternura engrandece...

64

A um passo da discussão
Engrandece sua sabedoria
A um tantinho da queixa
Exalta sua inteligência
A um minuto da fuga
Reforça a tua força
A um segundo do desânimo
Avança em tua ousadia
Perto de uma confusão
Divulgue sua superioridade
Exalte-se no ânimo que te origina
E escreva tua história em feitos
De amor, luz e harmonia...

Somos pastores de nossa alma
Nos campos da vida cotidiana
No berço de prata da sorte
Comungamos a vida e a morte
Somos ovelhas do dia
Pastoreando entre colinas
das dúvidas da noite
Ao cântico suave
das mutações dos anos
Caminhamos sem moradia
Como sapatos não calçados
Pano sem serventia
Sem nenhuma função
Somos apenas
o cruzamento de forças
iludidos que somos gente

Na competição de quem sabe mais
Mais ganha quem se cala
Na disputa pela beleza
Mais vale aquele que se apaga
Na luta pelas coisas da vida
Mais ganha aquele que não deseja
Na busca do amor a qualquer preço
Mais vale aquele que anda só
Na briga pelo lucro ilusório
Mais progride
aquele que dá de graça
Na loucura de levar vantagem
Melhor fica
aquele que reparte os ganhos
Não importa qual seja a peleja
Sendo um jogo
tem sempre quem perde
Na unidade da vida,
onde tudo é contínuo
Competir é cavar a própria cova
e perder-se na escuridão...

Cai a chuva com indiferença
Marcando seu compasso de água
Lavou a rua, as casas, as almas
Na estrada de lama que passa
São todos fatos isolados
Na amplidão do não explicado
A dúvida é apenas uma desculpa
A disfarçar a cegueira do nada
Abraça, pois, as tuas chances
Como branca bandeira de paz
E o prazer te revela o espiritual
De um universo amoroso e sensual

Uma mão
acena no horizonte perdida
Uma montanha
racha o seu pico em lágrimas
Um furacão
varre a terra com displicência
Um turbilhão
espalha a calúnia
Uma bruxa irada
te declara guerra muda
Um precipício
arrebenta tua estrada de espinhos
Anjos cegos
te procuram na escuridão
Coletes de aço
te crucificam no vazio
Mãos e pés atados
no pelourinho da angústia
Tua boca cospe os dentes
num pedido de clemência
Onde o desespero
é o cenário cotidiano

Onde o fim é inconseqüente,
espera e martírio
Onde nada é mais real,
senão o absurdo
Sobra apenas um mergulho total
No seio da coisa profunda
de seu peito
E deixa a alma gritar
os seus direitos
Libertando os grilhões
da mente enganosa
Quebra, pois,
a corrente viciosa
E permita escorrer de seus olhos
Um pingo de amor por si.
E desponta digno
na paz
da consciência cósmica...

Ao vislumbrar
um futuro catastrófico
Ponha tudo nas mãos
de Deus
Ao correr o risco na saúde
Ponha nas mãos
de Deus
O problema indissolúvel te assusta?
Ponha nas mãos
de Deus
A dúvida que te corrói
Ponha nas mãos
de Deus
A espera te angustia?
As mãos de Deus é a solução
Lembre-se que,
Quem compete com a vida
Sempre perde,
mas quem está com Deus
Está com a maioria...

Passa o vento entre os cabelos
É a benção do esquecimento
É um espaço vazio à espera
De um novo pensamento
Passam as horas
num ritmo infinito
É a benção do tempo
É o contínuo se transformando
Num campo de refazimento
Portas e janelas indecisas
Corredores sem fim ou começo
Palavras sem sentenças esparsas
Onde a razão faz sua morada
Sentir não é mais que viver
A expressão do ritmo cósmico
No pulsar de Deus que dança
Como o coração imortal
de um poeta

Escuta com o coração
Fala com a inteligência
Anda com paciência
Age com amor
Progrida com generosidade
Insista com bondade
Olhe com benevolência
Conviva com otimismo
Caminhe com força
Compreenda com o bom senso
Ajude com sabedoria
Doe com desapego
E durma com os anjos...

Toda alma é uma fada
Descobrindo-se
nos encantos da vida
Toda fada é uma força
Desabrochando-se
em novas capacidades
Toda força é uma pessoa
Que flui no poder
de se expandir
Toda pessoa é uma mágica
Entre o yin e o yang
Toda mágica é um sol
Onde o mistério é a própria
luz
Todo o sol é o Tao
Onde emana a escuridão
Tudo está diante de cada crença
Basta, portanto se entregar
Aos caminhos do coração...

Só o arqueiro
atravessa o muro
Que separa a ilusão da realidade
E perde os paramentos e o arco
Na alquimia da caminhada
E carrega por fim só a palavra
Na lucidez
da transformação do gesto
Na purificação
que conduz à verdade
Só o arqueiro
tem a força de derrubar
Os ídolos, as crenças e os terços
Na cruz que queima na estrada
No choro das culpas injustas
Nos gritos dos medos fantasiosos
Nos rancores do ventre recalcado
Na prisão do amor reprimido
Só o arqueiro
pode ver o sol
No horizonte atrás das muralhas
Ter seu corpo como templo

A mente como firmamento
E o coração como guia
Num amor incondicional
Livre de esperas
Conhecer a nova era....

Abrir as portas da mente
Para o infinito céu do inconsciente
E ultrapassar o tempo e o espaço
Os dogmas, crenças e hábitos
Deixando de lado
as identidades antigas
O hábito envelhecido
dos velhos discursos
E morrer para os velhos ídolos
Esquecendo a mortalha dos ritos
Desbravar
em horizontes fantásticos
Onde o novo é o cotidiano
Onde o imprevisto é o esperado
Onde o espontâneo é o provável
Onde nosso espírito emerge
como um sol de cristal
Atrás de uma praia
cheia de pirâmides
Dourando a vida
com seu mérito divino,

Isto é, definitivamente,
o que te espera
No raiar da liberdade,
na visão da Nova Era...

Em tudo que é pequeno
Existe o grande
Porque em todo escuro
Existe a potencialidade da luz
Somos apenas o espaço vazio
Entre o que vai ser e o que foi
Buraco em que a vida escapa
Saturada da grandiosidade
da harmonia Universal
Somos os soluços de Deus
Depois da ceia da criação
Somos a piscada reflexa
Causada pelo cisco no olho
da eternidade
Somos o constante principio
Que o destino não consegue
terminar
Somos as calhas que escoam
Os secretos sonhos dos anjos
Somos as dúvidas disfarçadas
Das teologias dos arcanjos

Somos os espirros resfriados
Dos ventos galaxiais
Somos a irritação contaminante
Da poeira cósmica
nos ouvidos dos santos
Somos o próprio espanto
Mas sejamos lá o que for
Sabe-se lá
o que realmente aconteceu
Fica só uma coisa
Você é teu
E eu sou meu.

Para se ter a paz a cada instante
O mais importante é selar
a cabeça ao peito
Cada pensamento tem seu efeito
No fato que a reação materializa
O coração que pondera
Espera, acalma e fica
Tal é a sua força de calma
No calor de sensações da alma
Inunda os olhos de amor
Refazendo de verdade
Com paz e claridade
Nos grandes domínios da dor

*O melhor controle
é não controlar
é deixar ser, sendo
é cooperar no rumo da vida
Sem guiar, só seguir
Na conquista, o fim da espera
A fé, a consciência e o sossego
De acender a luz da fonte
Aí, o sol interior clareia
os domínios
de um novo horizonte.*

Crescer,
é expandir-se em possibilidades
Poder,
é deixar a Alma emancipar-se
No maravilhoso,
no divino,
no cotidiano
Nas coisas da simplicidade
é a abundância
é a generosidade
é a elegância
é a possibilidade
Crescer é possuir-se
Se dando toda atenção
Da ação de dar, da doação
Evoluir é ganhar-se
Cedendo-se generosamente
Ao mundo das nossas carências

Na ciência de se dar paz,
na paciência
Quem mais cede,
mais tem
Quem menor fica,
maior é.

Morrer é nascer
É viver as transformações
Encontros que a vida produz
No pulsar dos corpos
Se fica de mãos dadas
E, há sempre sinal de sucesso
Pois, de mãos dadas
Há sempre o início de algo
E, com as mãos dadas
Nós vivemos e morremos
Só o amor fica eterno

Tudo o que mais se quer,
não se tem
Tudo que se tem,
é o que pouco queremos
Agarrar é perder
Soltar é ganhar
No jogo do destino
A vida escreve do seu jeito
Sem luta ou competição
Apenas as coisas sendo
E vivendo...
no imenso mar
da confiança universal

Meu corpo é um templo
Aonde eu experimento a vida
Na cabeça a razão
No coração o guia
Nos pés a segurança
A cada passo,
uma nova sensação
O sangue ativo da coragem nossa
Na fé de seguir cego
Por entre os reflexos
do espelho Universal
Aventura-se desapercebida
nossa consciência imortal

Amigo
Aquele gesto de silêncio
Para não complicar mais
Amigo
Aquele olhar de compreensão
Enquanto exibo minha ignorância
Amigo
Aquela atitude de me deixar
Assumir
a responsabilidade de meus erros
Amigo
Aquele rápido abraço na vitória
Antes que a inveja chegue
Amigo
Aquele que primeiro me
Alerta de meus erros
Amigo
Aquele que me olha
Com os meus olhos
Me sente com o meu coração
Que me empurra para andar
Só com as minhas pernas...

Por entre portas e corredores
A busca
Por entre janelas e cadeiras
A espera
Por entre praças e ruas
A caminhada
Por entre velhos e crianças
A vida
Por entre letras e sons
A conversa
Por entre cores e traços
A olhada
Por entre nuvens e chuva
A corrida

Por entre árvores e flores
O sonho
Por entre a luta e a força
A derrota
Por entre a pressa e a espera
A ansiedade
Por entre a vingança e o ódio
A dor
Por entre o perdão e a coragem
O amor...

Na lei da justiça cósmica
você faz o seu próprio tribunal
Aproveitar-se da situação
nos intentos inescrupulosos
de lucro
é sentenciar que na sua vida
haja sempre aproveitadores
te respondendo com furto
Levar vantagens astutas
lesando indiferentemente
aos outros
é permitir que na tua vida
haja competição, perdas e lutas
Agir com desonestidade
em nome da subsistência
é abrir precedentes em sua jornada
para a visita da falência

Corromper a lei
no abuso da ordem
tentando alegar problemas
não te exime de permitir à vida
materializar
desarmonias em teus sistemas
Na hora de sofrermos
A reação impassível
de nossas crenças
Preferimos nos ver como vítimas
Mas, somos sempre nós mesmos
Que escrevemos nossos destinos

Olho e vejo que passa
Sozinho pela rua sombria
O corpo vazio de calor
Como peso que perdeu a balança
Como calça que perdeu as pernas
Passa na vida apagado
Aquele que se entregou ao normal
É escravo e senhor de seu mal
É ausente e submisso ao fatal
É igual, monótono seu ritual
É sombra, gelo, homem de sal
Eu prefiro ser louco
Triângulo desencaixado do retângulo
Berro no silêncio da biblioteca
Garra de onça afiada
Elo desatado da corrente social
Pedaço de vidraças perdidas
Queima de fogos em setembro
Cordas de amarrar o nada
Deboche de bocas desdentadas
Cínicas de línguas caladas
Ser a contra mão da mão esquerda

Para poder sair-se a direita
Dos direitos de ser natural
No circo da vida de todos
Na barraca das propostas
No jogo das decisões
Tem um cartaz que diz:
Ou se escolhe ser certinho,
Ou se escolhe ser feliz.

Cada volta de tempo
Na ciranda dos gestos
É um pedaço de vida
Criando novos projetos
Cada palmo da terra
Na caminhada bendita
É um momento incerto
Onde o coração palpita
Cada vez é a sua vez
Cada dia é o seu dia
Cada chance é a sua chance
Cada fim é o seu começo
Cada lua é a tua lua
Na noite de esperas infindas
Mas o sol tem o seu valor
Apaga à noite e nos enche de calor

Quero caminhar contigo
Ombro a ombro
Como quem está satisfeito
de si mesmo
Assim não espero nada de ti
E também não te devo nada
Tuas expectativas são tuas
Tuas cobranças são tuas
Eu apenas sou o que sinto
Faço o que faço
Sou o que sou
Estou com você por prazer
Não te necessito
Pois me preencho plenamente
E reconheço que tuas necessidades
Só podem ser satisfeitas por ti
Assim caminhamos pela vida
Por tudo que houver
Maduros e livres
Pois isto é o amor.

Nos grandes momentos
de tensão e conflitos
Convém lembrar:
Buscar só dentro de si
Causas só em si mesmo
Forças estão em nós mesmos
Mudar só a mim mesmo
Controlar é disputar com Deus
Explicar não serve para nada
Fazer nada, pode ser a solução
Calma é sempre indispensável
Ser positivo é ser realista
Tudo vai passar
Nada é sério
O amor cobre a multidão de pecados
Eu sou bom na eternidade
Aconteça o que acontecer
Deus é sempre perfeito
Portanto escolha a bondade
aquela do peito

Ondas de alegria
Invadem a cabeça
É o fim da ilusão
Comanda o coração
Espaços amplos de conforto
Estendem-se num abraço
É o fim da prisão
Comanda o coração
Cantar distraído
E sem notar o que faz
É o fim da solidão
Comanda o coração
Correr devagar desinibido
Como quem tivesse para onde ir
É o fim da lentidão
Comanda o coração
Na vida só existe uma defesa
Aquele que pode mais que tudo
É esquecer o domínio dos outros
É fazer a revolução
Onde comanda o coração

O poder da sobriedade
É a capacidade da lealdade
Ao carinho que se demonstra
Em cada ato de amor
Em cada passo de fé
Do positivo lado do bem
Tudo é teu poder
Tudo vai para onde você crê
Tudo fica quando você deixa
Tudo volta quanto se quer
Tudo muda o quanto se permite
No centro de tua vida está você
A escolher o próximo passo
Pois todo agora é uma ação
A criar novas reações
Portanto confie em si
E deixe a estrada da vida
Recomeçar no teu coração.

Embarcar no trem da alegria
Como quem já não tem mágoas
Carregando os balões do otimismo
Como quem sabe que é rei na vida
E soltar-se no movimento das ondas
Como gota que se dissolve no oceano
Apagando o fogo
no teatro dos horrores
Como quem já sabe das coisas eternas
Rescrevendo a comédia da vida
Como autor romântico
do próprio destino
E soltar os pesos das culpas
Como aves que fogem das gaiolas
E saltar a escada da evolução
Como criança brincando de pular
Tudo isto e muito mais
Sem se importar com o amanhã
Sendo simplesmente si mesmo
Livre, leve e solto...

Olhos desatentos aos detalhes
Distraídos entre a multidão
Devaneios de ilusões passageiras
Desejos na cabeça e vagas no coração
E...
Basta um pequeno gesto
Um dedo no computador
Um toque de perfume
Um beijo de amor
Um sorriso caloroso
Uma palavra de sorte
Um olhar de bondade
Um silêncio de amizade
Um carinho de mãe
Uma força de pai
Uma corda de ajuda
Um pedaço de lar
Um canto da cama
Um picolé no verão
Um passeio na praia
Um sol que desmaia
Esperto é aquele que vê

Os pequenos detalhes
Pois deles são feitos
os grandes momentos

Pingo d'água
Pingo d'água
Na janela é só chuva
No rosto é só lágrima...
Chuva que chora triste
No fim da tempestade
É o vento quente que passa
No frio da eternidade
Pingo d'água
Pingo d'água
Quanto mais quero não tenho
Quanto mais solto não sofro
Enxugue o rosto na cortina
E olhe pela janela
Se embaça a vidraça
É o tempo que só passa
Pingo d'água
Pingo d'água
Pra quem quer viver todo tempo
É só seguir como o vento...

No cais de nossa memória
Só aporta o desalinhado
A ferida que não curou
A luta que não acabou....
O bolo que não engoli
A carne que não digeri
Lembrança é um fantasma
traiçoeiro
Que teima em existir
Um cartaz de neon
Ligado em pleno meio dia
Na luta por uma justa
sobrevivência
Dominar-se é a pendência
Quem não tiver esperanças
Está livre de cobranças
E nunca terá lembranças
Pois o que nos cura de fato
É a consciência do ato
Da coisa momentânea
A alma é espontânea

126

Só um sopro de alegria
Pode varrer a cabeça por dentro
Só um susto de prazer
Pode nos fazer renascer
Só uma sorte de surpresa
Pode mostrar a certeza
Só um milagre do firmamento
Cala a dor de um lamento...
Só sua própria consideração
Pode acabar com a solidão
Só sua fé inabalável
Poder mover o invisível
Só um pouco de valor
Pode te trazer calor
Só um tapa de carinho
Pode te mostrar o caminho
Só pode.

No brilho dos olhos tristonhos
O homem no escuro
dos seus sonhos
Trama o seu destino fatal
Tempestade no seu quintal
Inventou o sonho de amor
Carrasco certo da dor
Crime sem sentença
Morte da presença
Quis ter alguém por seu dono
E acabou no abandono
Como peça sem uso
Sofrendo o abuso
De suas próprias exigências
Não teve coerência
Perdeu o elo com a realidade
Acabou prisioneiro da crueldade
De seu próprio ideal
Toda ilusão tem final fatal.

Luzes e reflexos
No porto das esperas minhas
De tanto correr cheguei a mim
De tanto fugir me encontrei...
O amor é só gostar
Vale a pena tentar

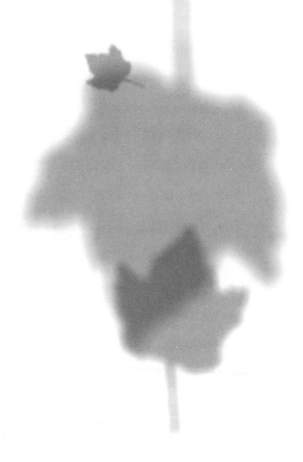

Crescer é um ato de posse
É um gesto de domínio
Limitando-se em si mesmo
Expandindo-se na própria luz
Reconhecer-se dono
das necessidades
Fonte, bebedouro e sede
Luz, lampião e visão
Saúde, feridas e remédio
Aceitar as cercas dos outros
O grito alheio fora de si
Ser surdo ao desespero do amigo
Raso na carência exigente
Vago no apoio cobrado
Na utilidade requerida
Consciente que os outros
Só aos outros pertencem

E no amor espontâneo
E se dar só por prazer
E ficar como quem se estende
Tal qual luz
que invade a escuridão
No quarto sem fronteiras
Nas escadarias do casarão
De sua própria existência.

Pessoas
São espaços de existências
Dramas que a divindade trama
Princípios da Unidade
que se tornam consciência
Reflexos do inconsciente
à luz da razão
Pessoas
Passagem de uma história
sem fim
Princípio da dualidade irreal
Focos de ação do amor e do ódio
Raio,
escuridão,
tempestade de verão
Pessoas
Pálidas imagens
dos espelhos de Deus
Um coração
recoberto de gente
Um desejo
em movimento errado

Um dançarino
no palco das estrelas
Pessoas
Cometas mentais
viajando no céu
Temporários pingos da chuva
eterna
Porto de lágrimas e de sorrisos
Do mal, do bem lírico
Pessoas,
pessoas,
apenas,
pessoas
Pessoas verdadeiramente reais
São maravilhosas criaturas
E não são nada de mais...

Me deixe em paz
Pare de cuidar de mim
Não me salve
Não me resolva
Não quero ouvir sua opinião
Não quero saber das suas reuniões
Não me interessa suas tristezas
Pare de me empurrar o seu medo
Não se meta na minha vida
Sou teu irmão
mas não tenho que te aturar
Pare de querer me ensinar
Não me jogue suas cobranças
Nem em nome do amor
Por favor,
não me ame
com teu amor
grudento de esperas
vê se não me espera
Porque eu sou solto
Como uma borboleta
Transparente como a água

É pequeno
como o grão de mostarda
Se não puder ser meu amigo
Desapareça
Não me amole com a sua existência
E, por favor não insista...

Um trovão ensurdece o céu
Eu só fico olhando
A mão passa pelas pernas nuas
Só fico olhando
As bocas discutem a opinião
Só fico olhando
As risadas massacram alguém
Só fico olhando
O mundo está pela hora da morte
Só fico olhando
A velha se queixa da vida
Só fico olhando
O jovem chora sua miséria
Só fico olhando
O carro quebra na esquina
Só fico olhando

Eles perdem o emprego
Só fico olhando
O homem quer mais poder
Só fico olhando
A mulher aborta a maternidade
Só fico olhando
E fico pleno de alegria, pois
Eu sei
Que não tenho nada com isto...

Um choro é um oceano
Um sussurro é um estrondo
Um passo é uma caminhada
Um soluço é um abismo
Um cão é uma fera
Uma árvore é uma floresta
Um instante é uma eternidade
Um pensamento é uma biblioteca
Fecha os olhos cansados
Cala a boca escancarada
Cruza os braços amarrados
Nasce o desejo no nada
É o encontro em si mesmo
O tempo que não tem duração
É o vento parado no chão
Sou eu mesmo
me descobrindo
Deus

140

Estar com Deus, é estar alegre
Fora isto, tudo é ilusão
Estar com Deus, é ser si mesmo
Fora isto, tudo é hipocrisia
No caminho da felicidade
É bom saber
Que somos o reflexo
da consciência cósmica
Se expandindo em lucidez
Não somos a mente enganosa
Nem o medo, o ódio ou ansiedade
Nem os pensamentos,
as idéias ou os julgamentos
Há algo mais além
Tudo
E, neste Tudo, se deixar ficar
No recolhimento da meditação
Além dos espaços vazios viajar
Sob a sepultura do ego
racional passar
E aportar na luz da
Presença universal...

142

Existe um poder em tudo
O meu poder e o de Deus
Que são um só
Existe um amor
que a tudo envolve
O meu amor e o de Deus
Que são um só
Existe uma inteligência
que a tudo gera
A minha sabedoria e a de Deus
Que são uma só
Toda individualidade é Deus
Invadindo a inconsciência
Tornando-se lúcido
Virando vida
Expandindo-se na escuridão
Existe só um ponto
de segurança na vida
Uma só muleta imutável
Uma só fonte incansável
Uma só gota de água
Deus...

Desponta em nós milhares de
Sensações por segundo
Na explosão da consciência
Que se alerta no despertar
Portas e janelas da vida
Caminhos e alamedas da alma
De uma rota sem destino
Na contínua mutação das horas
Transforma
e transforma
em si mesmo
A existência que respira em luz
Da lucidez no aqui e agora
A harmonia é incansável dança
Das presenças vivas de nós
A vida é um poema
Que Deus declama nos homens.

146

O calor do sol na pele
Deus é sensual
O banho do mar na água morna
Deus é sensual
O aconchego no colo da mãe
Deus é sensual
O beijo do amante
Deus é sensual
O cheiro da maçã madura
Deus é sensual
O carinho da paisagem repousante
Deus é sensual
O canto do sabiá ao longe
Deus é sensual
As mãos dadas do amigo
Deus é sensual
A leveza do corpo ao descer a colina
Deus é sensual
Quando eu sinto prazer,
É Deus sentindo em mim...

É definitivo...
Meu orgulho me cansa
Com ilusões grudentas
e imagens dominadoras
Como águia devoradora
Minha vaidade me satura
Com cobranças de aparências
Com falsos valores
e vazias vivências
Minha piedade me aborrece
Inferiorizando todo mundo
Fingindo ser amor profundo
Minha ansiedade me chateia
Imaginando que o futuro existe
E só no amanhã persiste
Minha arrogância me irrita
Como uma mania aflita
Inventa o certo
e corrige Deus

Minha ganância me estufa
Com o seu lufa-lufa
De me fazer tudo querer
Estou cansado de mim
Do mim de todo mundo
De viver no imundo mundano
Das coisas dos dez mil anos
Cansei
Parei
E resolvi não pensar
Só existir.

Não me incomodo
com seu incomodo
Não dôo na tua dor
Não me interessa o teu interesse
Não me agrada o te agradar
Não quero o teu querer
Não podes me possuir
Não saberás jamais me satisfazer
Não me seguro em tua segurança
Não espero nada de tua esperança
Não anseio a tua ansiedade
Não assumo a tua vaidade
Não me corrompo em teus favores
Seu caminho é só seu
Suas opiniões são só suas
Suas críticas são só de si
Os pingos estão nos is
Nossa pele não nos mistura
Você é outra criatura
Eu respeito a natural separação
Eu fico na minha região

Limpo de outros "vocês"
Como corpo santo
Como sangue dos espíritos
Tua presença é só a paisagem
Onde passo como viajante
Não importa
Cada um
nada mais é
que uma porta
Onde eu passo distraído
Sabendo que você
é apenas a minha sombra
No irreal cenário
do mundo
desconhecido

E deixar passar os tormentos
Indiferentes aos conflitos e gritos
Só porque podemos
E calar a queixa negativista
Diante do não aceitável
Só porque podemos
E sorrir diante do drama
Sem aumentar a dor
Só porque podemos
E darmos as mãos amigas
Ao inimigo em debate
Só porque podemos
E gostar sem barreiras
Das coisas que ampliam
os horizontes
Só porque podemos
E amar e amar-se
Como se o prazer fosse o ar
Só porque podemos

Entregar-se a Deus
Como quem sabe seus limites
No ilimitado tempo
E viver por viver, sempre livres
Só porque podemos

O sol está de volta
É hora de recomeçar
É tempo de vir para fora
De escutar sua alma
De animar-se
Se o sol está de volta
É hora de se dar outra chance
É tempo de tentar novamente
De sorrir mais uma vez
De se dar o prazer de ser
É ... o sol está de volta
É hora de apoiar-se e libertar-se
É tempo de perdoar-se
De confiar em si
De ousar

Então... como o sol está de volta
No céu de São Paulo
é hora de deixar
que sua luz interior
desperte no horizonte
de seu bom humor
é hora
do sol,
do sol do amor

Viver como se fosse o último dia
Trabalhar como se fosse para Deus
Gostar de todos como se fosse amor
Libertar-se como se estivéssemos
No fim de todas as dores
Olhar tudo
como se fosse uma obra de arte
Caminhar
como se estivéssemos nas nuvens
Abraçar todos
como se fossem nossos filhos
Perdoar
como se nunca tivéssemos
sido ofendidos
Desapegar-se
como se não tivéssemos as mãos
Cooperar
como se não houvesse luta

Sorrir
como se tudo fosse uma brincadeira
Recomeçar
como se fosse a última chance
Em qualquer ação
o importante é fazê-la
Com classe,
como se fosse a primeira vez
Consciente que o tempo não volta
E que tudo é para sempre

Não lute mais
Descanse
Não dê força para seus inimigos
Vença-os com o perdão
Não cultive a impaciência
Vença-a com a segurança
Não delapide a paz dos outros
Coopere com o silêncio
Não se afaste do seu coração
Una-se a si mesmo
Não dê trelas aos problemas
Vença-os com sua luz interior
Não coopere com as críticas
Supere-as com seu desprezo
Não se deixe vitimar
Assuma sua liberdade de escolha
O bem é saber
que o único meio de vencer
É usar sua inteligência
com compaixão
Por isso, não lute mais
Descanse

Na angústia do futuro
A avidez da ansiedade
Que soma com a preocupação
Se assim for para você, pense:
O presente é o tempo mais justo
Nele você vive realmente
Na luz de cada instante
A consciência de si e do mundo
No fundo dos momentos
A sensação de um grande amigo
Eterno e imutável
Seguro e familiar
Justo e fiel
Amoroso e sábio
Saia da aflição
Mergulhe em si
E abrace-se no amor de Deus

162

Quando você errar
Se dê uma nova chance
Quando você se culpar
Se dê uma nova chance
Quando você sentir que se enganou
Se dê uma nova chance
Ao sentir que você não gosta de si
Se dê uma nova chance
Diante da crítica dos outros
Dê a eles uma nova chance
Ouvindo alguém
exibir a ignorância
Se dê a chance de compreender
Quando a mediocridade aparecer
Pense que você pode se dar
a chance de escutar
Não há situação em que
a inflexibilidade é boa resposta
Pois a riqueza e o poder começam
Na quantidade de chances
que podemos distribuir
Se dê uma nova chance

Render-se
às lutas conflitantes
ao desespero das preocupações
aos desejos desvairados
das mil opções
à falsidade
das aparências cativantes
E parar
de correr como um cavaleiro
atrás de heróicos salvamentos
dos outros
Sem pensar
no abandono, no obscuro
em que nos deixamos alheios
Descolar-se
do apego mórbido e escravista
em que nos tornamos
negras sombras
Catástrofes de loucuras hediondas
Como se fossemos apenas

Reflexos
de um sentimento pessimista
e abrir-se
para o espaço interior,
para a luz da essência vibrante
Cooperar
em atitude estimulante
na conquista do próprio amor

Quero deixar passar por mim
O toque de todas as sensações
No sabor de cada coisa
Na vontade de cada ação
No sentimento de cada hora
Na confiança da fé
Quero deixar passar por mim
A luz clara da alegria
No desafio de cada conquista
No sucesso de cada derrota
No choro de cada porta
No som de cada silêncio
Na inspiração de cada sorte
Quero deixar passar por mim
A leveza de sua presença
A voz em cada sentença
Pois, num clima de amor profundo
No infinito da eternidade
Passar pela vida realmente
Em busca do meu próprio mundo.

Diante da desgraça alheia
Faça-se feliz,
olhe com muita bondade
Quando se vir em erro
Alegre-se, olhe com benevolência
Quando estiver inocente
nas miras das críticas
Poupe-se, olhe com naturalidade
Ao enfrentar os problemas
Ajude-se, olhe com confiança
No confronto de suas dúvidas
Escolha-se, olhe para dentro de si
Diante do ridículo
Releve, olhe para o que é belo
Confrontando as frustrações

Encontre-se,
olhe para o seu melhor
Os faróis de nossos olhos
São movidos pela vontade
Enquanto uns iluminam
nossos escuros
Outros nos enchem
de claridade

Soltando é que se prende
Perdendo é que se ganha
Buscando é que se perde
Ficando é que se encontra
Parando é que se caminha
Esvaziando é que se enche
Escurecendo é que se ilumina
Só quando paramos
de querer controlar a vida
é que a vida
controla tudo para a gente
Pois, quem manda,
fica só ouvindo
Os ecos solitários
do seu próprio grito

172

A um passo do abandono
Você pode se amar
No tormento das dúvidas
Você pode se amar
No frio da solidão
Você pode se amar
Nos ventos pelo desespero
Você pode se amar
No tombo das decepções
Você pode se amar
No abandono da incompreensão
Você pode se amar
Na batalha dos insucessos
Você pode se amar
No calor de sua própria companhia
A segurança de sua própria posse
Na luz de sua auto consideração
As chances de ser real
Verdadeiramente presente
Como uma gota de água
No oceano de amor

Passo a mão pela testa
E sinto o suor da tensão
Um grito surdo me atordoa
O desequilíbrio expande sua força
Passo a mão pela testa
E o suor goteja em meus olhos
Na cruz que eu mesmo fiz
Com pedaços de dores e opressão
Passo a mão pela testa
E o sangue da imagem medrosa
Abre seu circo de horrores em mim
Acovardando-me no ódio reprimido
Passo a mão pela testa
E levanto meu pensamento
Deus é a luz que aquece o desalento
No conforto da certeza universal
Passo a mão pela testa
E o suor secou

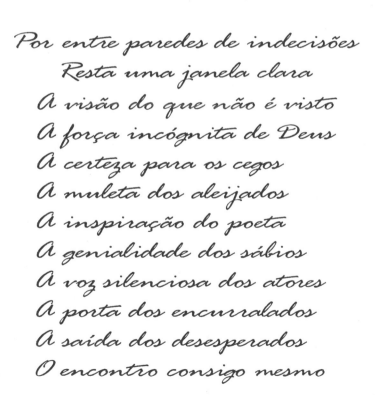

Por entre paredes de indecisões
    Resta uma janela clara
A visão do que não é visto
A força incógnita de Deus
A certeza para os cegos
A muleta dos aleijados
A inspiração do poeta
A genialidade dos sábios
A voz silenciosa dos atores
A porta dos encurralados
A saída dos desesperados
O encontro consigo mesmo

Hoje o sonho dourado
Amanhã o real disputado
Hoje a busca incessante
Amanhã a desilusão amargante
Hoje a força do agora
Amanhã a agonia da hora
Hoje a calma laceante
Amanhã a alma errante
Hoje o dom de sentir
Amanhã um fato a fugir
Hoje a hora final
Amanhã ansiedade fatal
Hoje é o que existe
É o tempo eterno
No relógio parado
O silêncio do universo

O tempo e o senso dos fatos
Na seqüência do que percebemos
Há um reflexo de luz
Em cada sorriso
Há uma nova chance
Em cada sorriso
Há um espaço amoroso
Em cada sorriso
Há a possibilidade de sucesso
Em cada sorriso
Há o fim dos problemas
Em cada sorriso
Não importa qual seja
a natureza de sua dor
Ela só desvanescerá
Diante do teu sorriso

Na paz de cada instante
A união da cabeça e do peito
Cada palavra um ato
Do ato, a reação
O coração que pondera
Espera e fica...
Tal é a sua força maior
Calor de sensações profundas
Inunda os olhos de amor
Renascendo na eternidade
Com paz e claridade
Derruba o grande mistério da dor

Casamento.
Segurança é sabermos
Que podemos contar conosco
Na alegria e na tristeza
De mãos dadas com Deus
Deus,
aquela força que mora em nós
Para todo o sempre
Até que a morte nos eternize

Seguir caminhando ao meu lado
É dar uma mão a mim e a outra a Deus
Caminhando mudos pelo que houver
Tendo nos pés o carro da vida
Que segue entre a luz e a escuridão
Possuindo um peito como balão
Que num descuido sobe aos céus
Enterrando os pés como sementes
Capazes de criar florestas flamejantes
E segurar-me em meu próprio colo
Como fiel mãe de todos os poderes
E os braços estendidos na liberdade
Como um sorriso na cabeça
Correndo e brincando de existir

Passo a passo
O mundo se fez
Passo a passo
Eu apareci
Passo a passo
Eu andei
Passo a passo
Eu falei
Passo a passo
Eu errei, cai, levantei
Passo a passo
Eu conquistei
Passo a passo
Eu descobri
Que passo a passo
Tudo já passou

190

Um carro breca ao longe
Não tenho nada com isso
Um enterro chora seu morto
Não tenho nada com isso
Alguém vomita sua burrice
Não tenho nada com isso
Gravatas disputam o poder
Não tenho nada com isso
Gritos de dor no canto dos olhos
Não tenho nada com isso
Choques de ilusões
Não tenho nada com isso
Partos de loucuras reprimidas
Não tenho nada com isso
Não me tragam problemas pois,
Eu só escuto soluções

Olhar cara a cara
No confronto do que somos
E assumir-se como se é
Sem dor, mimo ou escapismo
Abrir as portas do progresso
No amadurecimento maior
Ser forte para se amar
Como quem concede à natureza
A luz da consciência do ser
Na pauta regular da realidade
Pois todo aquele que foge de si
No fatalismo dos encontros
Acaba por se ver assustado
Na face indiferente dos outros

Caminhemos de cabeça erguida
Superiores dentro de nós
Governando as nossas forças
Sublimando nossas ignorâncias
Caminhemos de olhos no coração
Superiores dentro de nosso amor
Governados pela inteligência
Sublimando as condições
Caminhemos de braços abertos
Superiores dentro do abraço amigo
Governados pela compaixão
Sublimando nosso egoísmo
Caminhemos superiores,
sabendo-nos Deus
Seguindo humildes
nosso universo interior
Sublimando e renovando
cada verdade em nós

Um pingo de água cai na poça
Um papel vira na calçada
Um som de latido ao longe
Um carro que breca nervoso
Um cisco no olho
Um pulo no último degrau
Mãos no bolso casual
Pentes, grampos e fivelas
Um pedaço de papel fora da gaveta
A plantinha luta
pela vida num copo de água
A caneta sem tampa
A fominha das 11:00 horas
Tudo são pequenos detalhes
atravessando o dia
Sem compromisso ou importância
Apenas os olhos
passeando sem dramas
pela música da vida

A cada dia que passa
é um passo dentro da morte
é um passo dentro da vida
A cada dia que passa
é o fim de uma caminhada
é o começo de uma subida
A cada dia que passa
é a cura de uma ferida
é a abertura de um corte na carne
A cada dia que passa
é a luz que se apaga na vista
é a descoberta de uma nova claridade
A cada dia que passa
Passam junto o tempo e os lamentos
E volta revivida
a vida em novos momentos

200

O segredo da felicidade
é a intenção do bem
Não há conflitos
Existe apenas,
necessidade de mudar
Não há luta alguma
Existe apenas,
necessidade de cooperação
Não há problema algum
Existe apenas, tarefa
Não há fofoca alguma
As pessoas se confessam
Não há desencontro
Apenas,
mudança de rumo
Não há motivo para desespero
Apenas,
o seu descuidado
consigo mesmo
Não há nada contra você

Apenas,
sua crença no mal
Não há medo real
Apenas,
coragem recalcada
Não há vítimas na vida
Apenas,
pessoas inconscientes
do próprio poder
Olhar
com os olhos de boa vontade
é ver com os olhos de Deus

Bom mesmo é amar
É se desdobrar do avesso
para o lado certo
É expandir-se no gesto
generoso e calmo
No conforto seguro
da certeza de si
Desfrutar da luminosidade
gentil da elegância natural
É permitir-se gozar
no prazer da vida
Mesmo de olhos fechados
É atingir a superioridade divina
mesmo nas trevas
É transbordar de alegria
de harmonia
Mesmo inseguro

É o equilíbrio de olhos festivos
Mesmo cego
Na consciência
de seu próprio poder
Saber que se pode e se quer
Sem que a escuridão do medo
Continue o seu ritual
seco e fúnebre
Amar é enfim,
Ser herói
diante do próprio orgulho

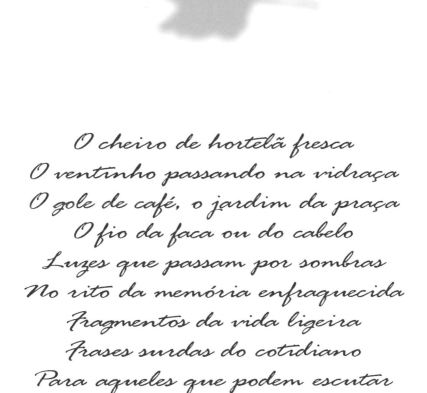

O cheiro de hortelã fresca
O ventinho passando na vidraça
O gole de café, o jardim da praça
O fio da faca ou do cabelo
Luzes que passam por sombras
No rito da memória enfraquecida
Fragmentos da vida ligeira
Frases surdas do cotidiano
Para aqueles que podem escutar
Com a alma assobiando
No compasso da vida

Um fósforo aceso na escuridão
Um pensamento novo
Um suspiro de desapego
Um canto de alívio
Um copo de água fresca
Uma brisa no verão
Um olho para o cego
Um palhaço para a criança triste
Um espaço num elevador cheio
Um farol verde no tráfego
Uma porta que abre fácil
Uma janela que fecha bem
Uma coberta para o inverno
Uma sandália para a praia
No jogo mágico do viver
Tudo vai muito bem
Para quem o bem abraça
O bom mesmo é saber
Que dar é conceder
No poder do reconhecimento
O que a vida dá de graça
A nós, a todo o momento

A você,
Minhas mãos tem uma promessa
Um carinho e uma tarefa
No trato da presença
que te acompanha
Na caminhada
de feitos cotidianos
Minhas mãos não te escondem
dádivas
Nem doces carícias
de consolo amigo
É a tua ilusão que te insensibiliza
E te desvia com medo do abraço
Minhas mãos
te acompanham parceiras
Como quem te protege nos ombros
É você que insiste em carregar
As cruzes mordazes
da incompreensão
Minhas mãos são carne e coração
Para todos
que aportam em meu peito
Mas como uma praia deserta
Espera o barco de tua presença
No despertar do teu amor
Minhas mãos são reais
Acorda e abraça-me,
                    Deus

O sino do tempo acaba de soar
Agora, agora, agora
Um novo exército de otimismo
Acaba de invadir a mente
Paz, paz, paz
Um escudo de luz cria em meu peito
O símbolo angélico da liberdade
Corre na mente o fluxo da sabedoria
Dança no corpo os gestos de ternura
E caminhamos como mães
Grávidas de seu próprio ânimo
Dobramos esquinas como quem
Tira a roupa suja e entra no banho
Simplesmente esquecendo,
Abandonando o abandono
E sorrindo sem levar nada a sério
Temos a consciência plena de
Sermos a plenitude da vida

Na arte de bem viver
O verbo é cooperar
É estar sempre presente
E saber o seu lugar
O outro fala generalizando
Eu não tenho nada com isso
O outro se faz de vítima
Não tenho nada com isso
O outro não gosta do que eu fiz
Não tenho nada com isso
Eles me querem diferente
Não tenho nada com isso
Eles discutem pela razão
Não tenho nada com isso
Eles querem se matar
Não tenho nada com isso
Eles falam de mim
Não tenho nada com isso
Guerra é guerra
E para quem quer guerrear
Não tenho nada com isso

214

Meu corpo
é o palco onde dançam
todas as sensações
Sou rei
mas apenas em meu reino
Sou calmo
mas apenas na extinção
de minha compreensão
Sou mentiroso
mas apenas onde
não sei falar a verdade
Sou rápido
mas até onde
meus braços podem alcançar
Sou esforçado
mas apenas onde
eu estou motivado
Sou engraçado
mas até onde
as feridas me fazem chorar

Sou feliz
mas até
eu cansar de sorrir
Sou bondoso
mas até
eu não me sentir bobo
Sou corajoso
mas até
onde meu inimigo não o é
Sou enfim, humano,
Deus me fez assim

Existe um poder em tudo
O meu poder e o de Deus
Que são um só
Existe um amor em tudo
Que a tudo envolve
O meu amor e o de Deus
Que são um só
Existe uma inteligência em tudo
Que a tudo gera
A minha sabedoria e a de Deus
Que são uma só
Toda individualidade é Deus
Invadindo a consciência
Tornando-se lúcido
Virando vida
Expandindo-se na escuridão
Existe só um ponto
de segurança na vida
E uma só muleta imutável
Uma só fonte incansável
Uma gota de eterna luz
Deus

Existe só um guia certeiro
Aquele que mora em seu peito
Senhor da sabedoria e do poder
Na casa das sete virtudes
Barco seguro no mar das sensações
Farol de luz apontando caminho
Estrada florida de andar suave
Espaçando limites
e ignorando barreiras
Deixe-se encher deste senso
Deixe o mago assumir o sentido
Deixe a intuição guiar em ação
Caminhe sem erro pelo coração.

Conquistar-se
é subir uma montanha íngrime
Cuja base é pedregosa
é usufruir da paisagem repousante
No cume de sua vitória
Conquistar-se
é mergulhar no fundo do mar
é prender o ar sem descanso
Enquanto contempla
as belezas submersas
E respirar aliviado
na tensão da subida
Conquistar-se
é aceitar seus próprios limites
é tentar superá-los sem choro
é possuir-se em amor e força
Na força de ser si mesma

Conquistar-se
é saber ser confiante em si
Saber-se diferente dos outros
Movimentar-se
espaçosa e folgadamente
Por entre
os corredores estreitos da vida
Conquistar-se,
é sentir-se bem
no bem
do bom senso interior.

A loucura é cheia de mãos
Cada uma agarra um canto
Cada canto é uma prisão
Onde o novo causa espanto
Cada pensamento é um machado
A retalhar as sensações
Pensa-se que está bem guardado
Mas
nos prendemos na jaula das tensões
Um desejo é um gesto vazio
Que começa no anseio
E de repente se torna frio
Frustando-nos, se perde no meio
No final há só lágrimas
De quem parece que viveu
mas morreu
O tempo se esvai em lágrimas
A mostrar que nada valeu
Pare agora de governar
Deixe a vida fluir por si
Se Deus criou as necessidades
Há de realizá-las na eternidade

224

Eu posso levar vantagem
corrompendo a ordem
das coisas com malícia
ou...
me dando a satisfação
da honestidade digna
Eu posso levar vantagem
competindo com todos
para sobressair falsos encantos
ou...
satisfazer-me com o sabor
de minha própria consciência
Eu posso levar vantagem
me fazendo de vítima
para acusar os outros e me livrar
ou...
posso me dar o poder
de ter responsabilidade por mim

Eu posso levar vantagem
sendo falso e dramático
para encobrir o vazio
em minha vida
ou...
posso me dar o prazer da força
de assumir meus sentimentos
Eu posso levar vantagem
vivendo enganado
para alimentar minha vaidade
ou...
ter o prazer de ser adulto
e me bastar com humildade
Levar vantagem
é o que todos querem
Uns se sugam,
se matam,
se frustram
Outros conquistam a paz
e a desfrutam
No jogo do ou... ou...
é só fazer sua escolha...

A nossa mente mais parece
Um borrão de linhas destorcidas
Deformando-se, deforma os fatos
De acordo com nossas feridas
Nossa mente parece pública
Abriga todas as pessoas em volta
E de tanto darmos espaço aos outros
Acabamos no fundo do poço
Nossa cabeça
é um palco de vastas intrigas
Desordens, tramas, lutas e brigas
Regendo o intelecto e as emoções
Criando um fantástico
mundo de desilusões
Nesse caminho
a realidade é um choque
Em que necessitamos
de tempo em tempo
Para trazer-nos de volta à vida
Para que não sejamos escremento
Se queres a paz em sua vida

*Aprenda
a ordenar sua mente aos fatos
Pois a loucura é um fantasma
Que nos ronda em cada ato*

Cada pessoa
Uma sentença
Cada olho
Uma visão
Cada voz
Uma opinião
Cada conto
Uma versão
Cada gesto
Um coração
Cada mão
Uma ação
Cada perna
Um rumo
Assim sendo
Saiba que a única
Verdade
É a sua
O resto
São só os outros

Somos capazes quando queremos
De termos a força de ser forte
De termos a paciência de ser
                              paciente
De termos o amor para amar
Somos capazes quando assumimos
De sermos claros para decidir
De sermos firmes para continuar
De sermos lúcidos para terminar
Somos absolutamente capazes
Quando somos o piloto de nossa
                              mente
Quando somos Deus reluzente
Quando somos sinceros
                    simplesmente

Somos capazes
Quando queremos
Do contrário
Nós perdemos
Na enxurrada dos fatos
E a vida sempre nos põe de volta
No comando do que podemos
Não importa qual o caminho
Pois seja lá
O que tenhamos que fazer
O faremos, sozinhos.

Tome posse
Do corpo que te habita
Da realidade que te cerca
Dos sentimentos que te brotam
Dos impulsos que te levam
Tome posse
De cada pensamento
De cada momento
De cada palavra
De cada risada
Tome posse
Do aqui e do agora
Da atenção no presente
E deixe de ser mero reflexo
De uma alma ausente
Tome posse
Do tempo que flui na vida
Curando cada ferida
E lavando cada sujeira

Tome posse
De tudo que Deus te deu
Antes que outro aventureiro
Lance mão do que é teu

Estamos todos no mesmo barco
Usufruindo de tudo que criamos
Agrupando-se por afinidade
Desenvolvendo a fraternidade
Estamos todos chegando em si
Nos vendo em cada amigo
Nos conhecendo
em cada desconhecido
Crescendo em cada episódio
Mudando a todo momento
Estamos chegando ao fim da dor
Ao esquecimento
de tudo que ardia
A libertação de cada sentença
A possuir a própria presença
Estamos no mesmo barco
No mar da vida
do destino universal
E navegamos sempre para o melhor
Forçados a descobrir
que na eternidade fatal
Só o bem é real

236

A evolução é um contínuo
Círculo de vivências poderosas
Cada instante é um importante
Átomo na matéria da Vida
Passa-se e passa-se pelo tempo
Nascendo, renovando e morrendo
Sem poder parar ou desistir
No impositivo da verdade maior
Nós somos o resultado de todos
Os momentos na conquista
da consciência
Somos o real e a transcendência
Do Espírito eterno e total
Basta então sermos
O consentimento de ir com tudo
Pela luta ou pela Paz
Somos a vida que se satisfaz

238

Para um bom ganhador
Não existem derrotas
Para quem escolheu
Ser o vencedor
Tudo tem um proveito
Não existem perdas
Apenas fim de ciclos
Não existem tombos
Apenas mudanças
Não existem inimigos
Apenas pessoas diferentes
Não existem problemas
Apenas chances de exercitar
Não acontecem desgraças
Apenas chamas passageiras
Não há orgulho ferido
Apenas lições da vida
Não existem comodismos
Apenas rápidos descansos
Não existem os fracassos
Apenas o sucesso dos outros
Não existem competições

Apenas os outros debatendo-se
Nas leis do sucesso
Só vale quem acredita
Que nasceu para vencer

Encontrar vocês
Como sempre
Tirando as máscaras do mundo
Largando as luvas dos controles
Despindo o corpo dos desejos
Deixando o vento levar
O chapéu dos cuidados
O véu das esperas
E na música das eras
Olhar em seus olhos
E penetrar em sua alma
Reconhecendo nossa luz comum
Como quem apenas diz bom dia
E passar no filme da vida
A poesia de uma amizade
A presença de verdade
No real cenário de nossas pessoas

Tudo indica que somos um
Mesmo em nossa antipatia
Tudo nos une sempre
Mesmo em nossas loucuras
Tudo é íntimo
Mesmo em nosso silêncio

Toda manhã é um começo
Onde as chances se renovam
Pois todos os dias nasce em você
Como música em seu corpo
Como ânsia de novidades
Como fonte de realidades
Passando como dançarina
No palco de sua consciência
Toda manhã é um recomeço
Onde os bons propósitos afloram
As energias se renovam
No princípio do trabalho
O renascimento do prazer de agir
Saber que não se pára e seguir
Livre do passado cansado
Na magia do presente renovado
Todo instante é um recomeço
Que te espera no desconhecido
Caminhos que te levam seguro
Pelos rios que te tiram do escuro
Para a claridade do agora
E a chance de uma nova aurora

244

Agora nos reunimos
Como num ritual sagrado
Abrindo nossas mãos soltas
Espalhando as velhas idéias no ar
Descansamos o peito das angústias
Erguemos as pernas em coragem
E caminhamos pelos corredores
Desconhecidos
de nosso mundo interior
Seguros
que temos que ouvir sem escutar
Ver sem se impressionar
Falar sem censurar
Agir sem bloquear
Compreender sem explicar
Se dar sem abusar
Compartilhar sem se misturar
Sorrir sem avacalhar
Comedir sem impor

Aceitar sem assumir
Acompanhar sem se apegar
Querer o melhor sem esperar
Comandar sem ordenar
Viver sem depender
Aprender a ser é conhecer
Como se utilizar
Tudo tem sua medida
Basta apenas saber
Que o bom aluno é aquele
Que de bom grado quer aprender

Nuvens cercando o céu de branco
Ventos do norte, ventos do sul
Para onde vai seu pensamento
Neste infinito céu azul?
Toca-me
Como se seus dedos
fossem algodão
Aproxime-se
Como se seus passos
fossem de gato
Olha-me
Como se seus olhos
fossem lanternas na escuridão
Descobre-me
Como se eu
fosse a cama macia
Envolva-me
Como presente
caprichado no pacote

E deixa-me
Como objeto
cobiçado sobre o móvel
E guarda-me
Como jóias
no cofre do coração
E lembre-me
Como quem
nunca existiu
Ventos do norte, ventos do sul
Para onde vai seu pensamento
neste infinito céu azul

Mais vale estar em silêncio
Do que nos tumultos dos duelos
Mais vale estar abandonado
Do que mal assessorado
Mais vale estar devendo
Do que viver mal pago
Mais vale estar solto
Do que mal orientado
Mais vale ficar vazio
Do que possuído de ansiedade
Para que tudo vê
Nada precisa ser mostrado

250

Um olhar pode conceder
O outro pode cegar
Um gesto pode acolher
O outro pode matar
Um passo pode avançar
O outro pode pisar
Uma palavra pode aprovar
A outra mortificar
De um ou outro modo
Cada ato é uma força
Que cria
Ou destrói
Porém, dentro da vida
A vida nos faz aprender
Tudo vai e volta
Na medida de cada ação
Assim, a verdadeira escolha
É aquela que o amor decide

Toda vez que eu agrido
Eu me machuco nos outros
Toda vez que eu tenho temor
Eu me espanto ao me ver nos outros
Toda vez que eu odeio
Eu me desgosto projetado nos outros
Toda vez que eu critico
Eu me confesso aos outros
Toda vez que eu admiro
Eu me revelo nos outros
Toda vez que eu amo
Eu me encontro nos outros

254

Tudo que mais se quer,
não se tem
Tudo que se tem,
é o que pouco queremos
Agarrar é perder
Soltar é ganhar
No jogo do destino
A vida escreve do seu jeito
Sem luta ou competição
Apenas as coisas sendo
E vivendo no imenso mar
Da confiança Universal

Por entre a teia dos fatos
Nada é realmente certo
O inesperado
é sempre uma realidade confirmável
Na confiança da vida
Temos a única segurança real
Pois entre o certo e o errado
O acerto e o desacerto
A vida fala com sabedoria
Onde a ignorância cala

258

Para que deixar passar
o tempo sem sentir
Pois, que na vida nada fica
é só a sensação de existir
é a percepção dos momentos
Dentro do coração
olhar, ouvir e gostar
No gozo de cada instante
Na consciência interior
Não há lutas para se travar
Não há queixas para se fazer
Apenas o deixar ser
Acompanhando o interminável
drama da vida

Ruidosa pedra teimosa
como coisa que quisesse rolar
e fica só no querer
sem nunca se renovar
vírgula contraditória
pausa de sempre queixar
farol de luz estridente
menina loira de brincar
vento de descuido
disposição de bagunçar
humor de muito sorrir
vaga de se estacionar
amiga de todo sempre
companheira de se assegurar
fica hoje comigo
para o amanhã nunca chegar

Música...
uma cartada de sons
como um exército de fagulhas
transparentes espelhos penetrantes
venenoso rio de humores
deslizam agudos e doces pelas veias
ressoando dos pés
à catedral craniana
e libertam borboletas pelos ouvidos
explodindo o coração em êxtase
música... música...
música...
é simplesmente
o som
da respiração
do universo....

264

Não há portas
que não se abram
Não há luz
que não transpasse
Não há formas
que não nasçam
Não há problemas
que não se resolvam
Não há pessoa
que não mude
Não há criança
que não cresça
Não há janela
que não se feche
Não há erro
que não se perdoe
Não há horas
que não passem

Não há dores
que perdurem
Não há luta
que não se perca
Não há flor
que não murche
Não há nada
que não termine
No relógio da mente
A mutação é a própria vida
Dançando
na consciência dos homens

Silêncio...
Todo murmúrio é apenas
O vento mudo da ilusão
Silêncio...
O espaço do nada como pausa
Entre o artificial e o espontâneo
Silêncio...
Uma flor encontra o Sol
Abrindo suas pétalas frescas
Silêncio...
As montanhas repousam
Milenares em sua dignidade
Silêncio...
A calma e a inteligência
Envolvendo-nos em renovação
Silêncio...
Seu tempo ou espaço
Apenas movimento e existência

A revolução silenciosa
Está no silêncio da mente
A compaixão da vida
É a invisível permissão de existir
Portanto
Silêncio...

O outro
Pode ser o espelho da minha desgraça
Ou a moldura de minhas graças
O outro
Pode ser o risco da incompreensão
Ou o abraço no meu coração
O outro
Pode ser o vazio de uma rejeição
Ou o carinho de uma emoção
O outro
Pode ser a aridez de uma reprimenda
Ou o limite que me enfrenta
O outro
Pode ser a fonte de minhas necessidades
Ou a luz de minha liberdade
O outro
Pode ser um pedaço de mim
Que assume outra identidade
Ao me afastar dele
Eu o encontro em irmandade

270

Presença
É sempre ser só si mesmo
É a diferença sempre evidente
É a constância do bom senso
É a firmeza na sentença
Presença
É mergulhar na vida
É se sujar de todas as sensações
É se permitir imperfeições
É transformar-se em vivência
Presença
É lucidez e consciência
É força de persistência
É o sentimento da verdade
É o gosto da liberdade
E assim:
Você pode querer
Você pode não querer
Você pode escolher
Você pode não escolher

Você pode ser aberto
Você pode ser fechado
Você pode se deixar ser dominado
Você pode ser o dominador
Você pode se limitar
Você pode se expandir
Você pode se encurralar
Você pode se soltar
Você pode se negar
Você pode se assumir
Você pode se esconder
Você pode se revelar
Você pode se aceitar
Você pode se rejeitar
Liberdade é só o nome
Da sensação do seu poder.

Há uma conspiração no ar
é minha essência
reclamando minha atenção
Há uma artilharia
pronta a disparar
é minha essência
reclamando meus sentidos
Há um vulcão pronto a explodir
é meu ânimo
reclamando espaço para fluir
Há uma cócega na sola dos pés
é meu impulso
de caminhar para o que é
Há um grito na boca do estômago
é minha verdade
que quer ser dita
Há uma eternidade para ser vivida
Mas eu só tenho o agora
para ser o que sou.

274

Parte coração meu
Na aventura do gostar
Abraça simpatia minha
Na arte de nos ligar
E abre-se para receber
Aquilo que eu plantei
Recolhe do ambiente
Os sorrisos que eu criei
Parte coração meu
Descobrindo o bem e o mal
Pois cada pessoa tem
Um pedaço do real
Realidade que se confunde
Na mistura da imaginação
Que eu não confie nelas
Mas descubra sua intenção
Parte coração meu
Que a vida é um caminho
É trabalho, ensino e resposta
Que Deus nos dá com carinho

Pois no peito mora uma luz
Que sabe de tudo um tanto
É a força do amor na vida
É o fim de meu pranto
Parte coração meu
Sem jamais deixar meu corpo
E se mostre nos espelhos dos olhos
Nos outros que estão em torno
E volta coração meu
Com a certeza do meu valor
Me faz sorrir de novo
Num novo momento de amor...

O cansaço é o preço do orgulho
O excesso é o preço da vaidade
O ódio o pai da ruína
Acontece em cada esquina

A criança mimada não aceita
                              os pais
Os pais crianças disputam com
                              os filhos
A briga louca pelo poder, domina
Acontece em cada esquina

A mulher em busca do comodismo
                              choroso
O homem em busca do poder ocioso
O jovem em busca do nada se
                              fascina
Acontece em cada esquina

Portas que não levam a lugar
                                        algum
Cadeiras que ninguém senta
É a angústia que não se elimina
Acontece em cada esquina

E, por entre os quarteirões da vida
Se busca e se acha o que for
Quem vive e dobra as esquinas
É só quem conhece o amor....

Caem as cruzes velhas dos casarões
Calam-se as bocas
das novenas mal rezadas
é hora de uma nova bandeira
rumo à liberdade procurada...
Matam-se as culpas alucinantes
de dolorosas expectativas de revoltas
Abrem-se os portões dos cadafalsos
libertando do inconsciente as ânsias
Os tempos são os mais modernos
Os caminhos
os mais antigos
As necessidades
as mais velhas
Os rumos
os mais contemporâneos
Abraça o teu coração e segue
Surdo na multidão de malditos
E encontra na doçura da aceitação
A revolução da luz dos benditos...

280

Somos uma caixa de

mistérios

O desconhecido encoberto

de **nadas**

A fruta que espera ser colhida
a esquina
que espera ser dobrada

a *luz*

que espera ser acesa
A paz que está por ser alcançada
Somos
o caminho e o caminhar
na avenida de volta para dentro
O poço

sem fim

de abismos serenos
guardando a vitalidade,
da nossa atenção
e longe
do abandono dos sonhos
livres dos reflexos do mundo externo
mergulhamos nos espaços

da *alma*

e
descobrimo-nos

eternos...

282

Caminhar numa roda sem fim
Num circo fantástico
Onde o impossível é o alcançável
No riso e na dor
Ir e vir sem lugar
Crescer e subir sem limites
Ser a luz que invade as estradas
Na busca de si mesmo
No encontro do futuro
Passear na eternidade
No fogo vivo da vida
No compasso da dor e do prazer
"Sermos" o capitão da nau
Vagueando
Criando e recriando o destino

284

Só a vida é vida
E, sendo ela
Uma viga nos carrega
Um vento nos empurra
Só a vida é vida
Sem função ou individualidade
Só em si e mais nada
No grande mar de sensações
Viver é viver
Como quem não faz e
Tudo é feito
Como quem fica e
Tudo se move
Como quem não luta e vence
Como quem esconde e mostra
Como quem procura e perde
Como quem teme e avança
Como quem morre e renasce
Viver é só viver
E mais nada

286

Riqueza
é o gesto que vem do amor
É o poder de entender acima da dor
É a luz do perdão a curar a
Cegueira do meu irmão
Riqueza
é o rio da sabedoria
Na biblioteca da vida prática
Que facilita todas as coisas
Em pouco tempo
sem muita ginástica
Riqueza
é a fartura dos campos
Na mesa na homenagem à vida
A ciência do plantar é colher
Na fé da produção conseguida

Riqueza
é a beleza das coisas
Esculpindo as formas corajosas
Não é filha das convenções
Apenas um gesto das almas fogosas
Riqueza
é a paz conquistada
Na ausência dos conflitos
É a saúde bem equilibrada
Na simplicidade dos peritos
Riqueza
é ausência de excessos
Na consciência da utilidade
É como Deus fez o mundo
Para toda eternidade

Passa em passos próprios
Pesados peitos perdidos
Parando pelos pesares
Permite principiar os prazeres

Combalido com caminhadas
Corta a corda contundido
Combate conformado o confronto
Conseguindo no coração o conforto

Tenta talhar as taras
Torturas tenazes do temor
Transgride as tumbas terrosas
Tangindo todas as tentações

Derrama denso e demoradamente
Dádivas douradas e doces
Deixando dormir as dores
Do Dom de dar em Deus

290

Tudo está bem
Apenas
a ilusão pode ver o contrário
E acreditar na dor da fatalidade
Apenas
a imaginação do usuário
Que não respeita a realidade
Tudo está bem
Todas as dificuldades são crenças
Que pela fé se realizam
São todas defesas contra
Os fantasmas que nos paralisam
Tudo está bem
Todos os problemas são situações
Que criamos dentro da mente
São fugas da simplicidade
Que o medo trás do inconsciente
Tudo está bem
Para quem quer acreditar
O destino é um caminho
Que escrevemos ao pensar
Tudo anda certinho
Quando queremos no positivo ficar

Toda rua tem uma nova esquina
para dobrar
Toda porta leva a algum lugar
para te levar
Toda pessoa tem um mistério
Tente mais uma vez...
Todo coração tem mais espaço
Toda criança é uma nova chance
Toda situação tem muitas saídas
Tente mais uma vez...
Cada roupa é uma nova elegância
Cada palavra uma nova emoção
Cada pensamento uma nova aventura
Tente mais uma vez...
Todo fracasso é escada para o sucesso
Todo não é oportunidade para o sim
Todos nós somos como vocês
Tente mais uma vez...
Vários são os caminhos não percorridos
Vários são os recursos não usados
Todas as chances são para vocês
Tente mais uma vez...

294

Pare de pensar e sinta...
Você tem
todas as chances de escolher
Você tem
mil caminhos para viajar
Você tem
todo o tempo para conseguir
Pare de pensar e sinta...
Você é todo
poder a construir o destino
Você é toda
vontade a conduzir o tempo
Você é toda
força a fortalecer seu rumo
Pare de pensar e sinta...

Você é irmão de tudo
Sem deixar de ser si mesmo
Você é apoiado por tudo
Sem perder seu próprio apoio
Você é amado pelo Universo
Sem deixar o seu próprio amor
Parar e sentir...
Vale mais que mil explicações
Pois quem sente está vivo
O resto são ilusões.

Pare de esperar
E sinta o seu aqui e agora
Pare de falar
E escute o seu coração
Pare de buscar
E fique feliz com o que tem
Pare de fazer
E deixe as coisas acontecerem
Pare de insistir
E deixe o rio caminhar por si
Pare de duvidar
E assuma o que você crê
Pare de ouvir os outros
E se dê mais consideração
Pare de forçar você
E se dê forças para ser si mesmo

298

Não temas
Há sempre muitas mãos
Que te sustentam
Invisíveis em teu mundo interior
Há sempre a força da vida
Que te garante
Sólida a tua evolução
Não temas
Que o pensamento descuidado
É a indisciplina da razão
É a negação da inteligência
No improviso da imaginação
Não temas
Que tuas profecias sejam vazias
Das realidades não vividas
São catástrofes de fantasias
Onde escondes vontades reprimidas
Temer é só um hábito
Para quem quer comandar
Competindo com Deus na vida
Tem como resultado o fracassar

300

Cada cabeça é um drama
Acreditando em catástrofes
Cada medo é um monstro
Te matando as chances
Cada pensamento é uma negação
Da liberdade de sorrir
Cada agressão é um desespero
Buscando tirar vantagens
Cada um tem uma justificativa
Culpando a realidade
Assim, muitos estão vivendo
Construindo a desordem social
Lesando o próximo e sorrindo
De sua ignorância bestial
Cada um que corrompe
Gerando o desvio e o caos
Não sabe que cedo ou tarde
Recebe de volta o mal.

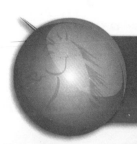

mais sobre gasparetto

www.gasparetto.com.br

INFORMAÇÕES E VENDAS:

Rua Agostinho Gomes, 2312
Ipiranga • CEP 04206-001
São Paulo • SP • Brasil
Fone / Fax: (11) 2061-2739 / 2061-2670
E-mail: editora@vidaeconsciencia.com.br
Site: www.vidaeconsciencia.com.br